SPARGELZEIT

Klassiker und brandneue Rezeptideen für die

SPARGELZEIT

Inhaltsverzeichnis

Inhaltsverzeichnis

Vorwort

Spargel war schon im Altertum als Arzneimittel und Gemüse bekannt und wurde vermutlich von den Römern in das Gebiet nördlich der Alpen gebracht. Aber erst in der Neuzeit wurde Spargel in größerem Umfang angebaut und dem „Normalbürger" zugänglich gemacht. Heute zählt er zu den edelsten Gemüsen und ist aus den feinen Speisekarten des späten Frühjahrs nicht mehr wegzudenken.

Und das Beste: Spargel ist nicht nur wohlschmeckend, sondern auch extrem kalorienarm und reich an wichtigen Vitaminen und Mineralstoffen. Genießen Sie daher die Spargelzeit, und zaubern Sie viele tolle Gerichte!

Einführung

Arm an Kalorien, reich an wertvollen Mineralstoffen und obendrein wunderbar im Geschmack – Spargel wird nicht ohne Grund als „königliches Gemüse“ bezeichnet. Tatsächlich war Spargel sogar ein beliebtes und wertvolles römisch-kaiserliches Gemüse.

Leider ist die Spargelsaison jedes Jahr nur sehr kurz. Was nämlich geerntet wird, sind die frischen Triebe der Spargelstaude unmittelbar bevor oder kurz nachdem diese das Tageslicht erblicken. Da man aber der Pflanze für ihr weiteres Leben nicht alle Triebe entfernen darf, muss der Raubbau bald wieder beendet werden, und zwar traditionell am 24. Juni.

Auf den Märkten wird Spargel in verschiedenen Sorten und Handelsklassen angeboten, unter anderem in diesen:

Weißer Spargel (Bleichspargel). Der bei uns wohl beliebteste weiße Spargel wird geerntet, bevor die Spargelköpfe zum Vorschein kommen. Weißer Spargel gilt als besonders mild und zart.

Grüner Spargel. Der heutige grüne Spargel ist eine eigenständige Sorte, die über der Erde heranwächst und daher eine „normale“ grüne Farbe annimmt. Grüner Spargel ist meistens dünner als weißer und durch seinen etwas höheren Gehalt an Bitterstoffen herzhafter. Auch sein Vitamin-C-Gehalt ist höher.

Violetter Spargel. Hierbei handelt es sich um weißen Spargel, der jedoch schon ein paar Stunden das Tageslicht erblickt hat. Durch die Sonneneinstrahlung verfärben sich die Spargelspitzen sehr rasch violett. Violetter Spargel schmeckt etwas würziger als weißer und wird gelegentlich auch als „Gewürzspargel“ bezeichnet.

Handelsklassen. Spargel wird nach EG-Norm in drei Handelsklassen eingeteilt. Maßgeblich für die Zuordnung sind die Stangenlänge, der Stangendurchmesser, die Gleichmäßigkeit und die Unversehrtheit der Spargelstangen.

So sollen bei weißem Spargel der Handelsklasse Extra die Stangen etwa 22 cm (nicht mehr) lang sein und mindestens 12 mm Durchmesser aufweisen. Darüber hinaus dürfen sie nur eine sehr leichte rosa Färbung annehmen und müssen schön gerade und sauber geschnitten sein. Und natürlich dürfen die Stangen nicht vertrocknet oder holzig sein. Grüner Spargel darf dünner sein, muss aber in der höchsten Handelsklasse vollständig grün sein.

In der Handelsklasse I gelten weniger strenge Regeln. Hier muss zum Beispiel der Stangendurchmesser mindestens 10 mm betragen und in der Handelsklasse II nur noch mindestens 8 mm.

Spargel, der in keine dieser Handelsklassen fällt, weil er zum Beispiel zu dünn oder bei der Ernte gebrochen ist, kann vom Erzeuger als Suppenspargel, Bruchspargel oder Spargelspitzen verkauft werden. Dieser Spargel, der geschmacklich keinesfalls zweitklassig sein muss, kann in vielen Rezepten ein vollwertiger Ersatz für den wesentlich teureren Stangenspargel sein.

Das wichtigste Qualitätsmerkmal – wichtiger als die Handelsklassen – ist die Frische des Spargels. Je kürzer der Weg vom Erzeuger zum Verbraucher, desto größer ist die Chance, wirklich frischen Spargel zu bekommen. Insofern bietet heimischer Spargel einen entscheidenden Vorteil gegenüber importiertem, ist allerdings aus klimatischen Gründen erst später im Frühjahr verfügbar als Spargel aus südlichen Ländern.

Wie erkennt man frischen Spargel?

Frischer Spargel hat noch keine oder kaum Feuchtigkeit verloren. Das heißt, frische Spargelstanden sind prall und zeigen einen seidigen Glanz und saftige Schnittenden. Älterer Spargel wirkt stumpf und weniger „knackig". Der bei den Verkäufern wenig beliebte Druck mit dem Fingernagel lässt ältere Stangen weich nachgeben, während frische Spargelstangen nicht nachgeben und angeritzt werden können. Akustisch verrät sich frischer Spargel durch ein knirschendes Geräusch, wenn man zwei Stangen aneinander reibt. Und schließlich duftet frischer Spargel aromatischer als älterer.

Heute kaufen, morgen kochen?

Soll Spargel nicht sofort verarbeitet werden, muss man dafür sorgen, dass er seine Feuchtigkeit behält. Am besten wickelt man ihn in ein gut durchfeuchtetes Tuch, etwa ein Geschirrtuch, und lagert ihn kühl und dunkel. So kann er notfalls bis zu drei Tage im Gemüsefach des Kühlschranks aufbewahrt werden. Grüner Spargel wird vorzugsweise aufrecht stehend in einem Topf mit etwas Wasser gelagert.

Wenn es sein muss, kann man Spargel auch einfrieren. Dazu muss er aber vorher küchenfertig vorbereitet, das heißt, geputzt, geschält und von holzigen Enden befreit werden. Keinesfalls sollte er blanchiert, sondern sofort eingefroren werden. Dann kann man ihn für bis zu sechs Monate in die Gefriertruhe stecken. Dabei ist noch zu beachten, dass die Spargelstangen möglichst einlagig und portionsgerecht verpackt werden. Denn vor der Zubereitung darf der Spargel nicht auftauen, sondern muss in gefrorenem Zustand ins kochende Wasser gegeben werden. Bei Zimmertemperatur an der Luft aufgetauter Spargel wird unansehnlich matschig.

Vorbereitung in der Küche

Spargel, vor allem weißer Spargel, hat eine dünne Rinde, die am Kopf nicht bemerkbar ist, aber nach unten hin immer kräftigere Fasern bildet, die beim Essen außerordentlich stören würden. Deswegen muss weißer Stangenspargel zumindest ab der Stangenmitte immer geschält werden.

Hierfür gibt es spezielle Schälmesser, die verhindern, dass man beim Schälen zu tief in die Spargelstange eindringt und unnötig viel Schale entfernt.

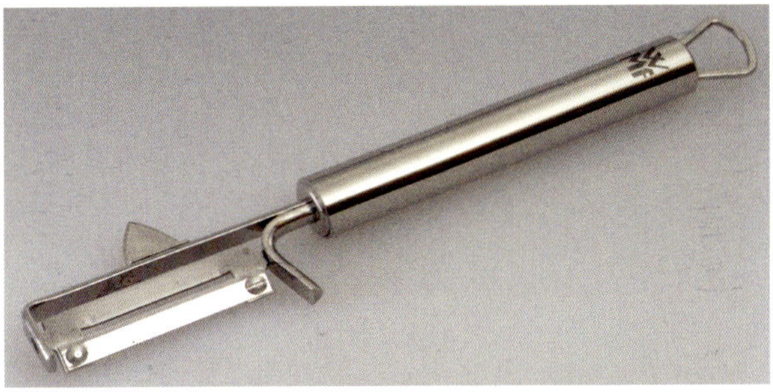

Manche Spargelschäler sind als Zange ausgebildet, mit der man eine Stange greift und durch die Zange zieht.

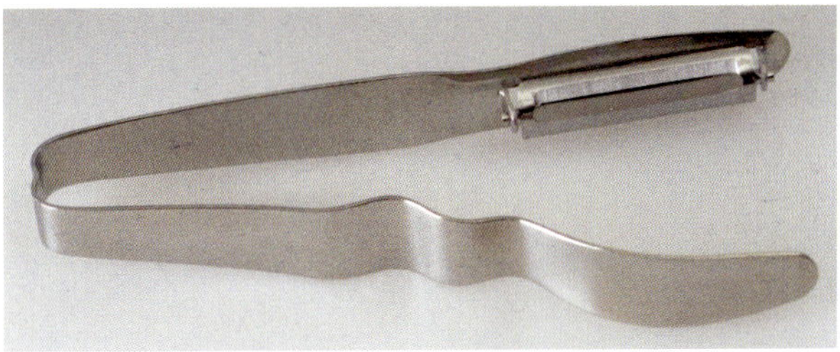

Gut geeignet sind auch Kartoffelschäler, die sicherlich in jedem Haushalt zu finden sind. Notfalls tut es sogar ein scharfes Küchenmesser.

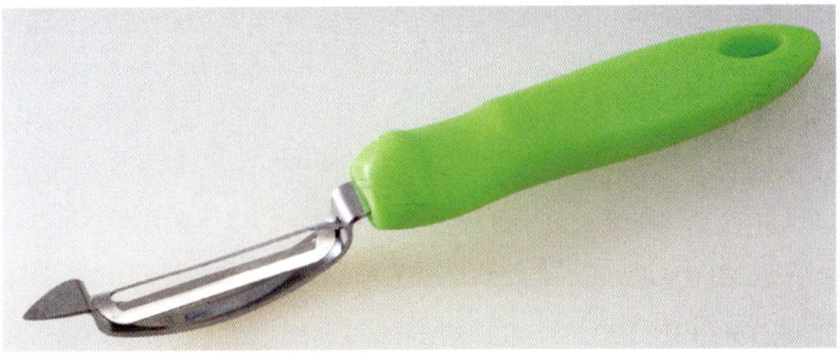

Vor dem Schälen müssen die Stangen unter fließendem Wasser gewaschen werden, um Sandreste aus den Spargelköpfen zu spülen.

Weiße Spargelstangen werden immer von oben nach unten geschält, beginnend 2 bis 3 cm unter dem Spargelkopf. Der untere Teil muss mehrmals nachgeschält werden, bis alle Faserstränge restlos entfernt sind. Anschließend werden die holzigen Enden, meistens einige Zentimeter, abgeschnitten.

Grüner Spargel hat eine feinere Schale als weißer und muss, wenn überhaupt, nur im unteren Drittel geschält werden, und dort auch nur sehr dünn.

Für ungeübte Freunde dieses feinen Gemüses wird in vielen Spargelregionen gegen einen geringen Aufpreis bereits geschälter Spargel angeboten. Von dieser Möglichkeit sollte man aber nur dann Gebrauch machen, wenn der Spargel tatsächlich noch am selben Tag verarbeitet wird.

Die Zubereitung

Ein Tipp vorweg: Wer Gemüse gerne roh isst, kann dies auch mit Spargel machen. Frischer Spargel ist knackig und schmeckt roh sehr angenehm. Als Rohkost sind vor allem die dünnen Stangen empfehlenswert. Und wenn man nur das obere Drittel verzehrt, muss der Spargel nicht einmal geschält werden.

Die häufigste Zubereitungsart ist jedoch das Kochen. Prinzipiell ist jeder Kochtopf geeignet, in dem der Spargel liegend oder stehend Platz findet. Im Zweifelsfall ist ein Topf vorzuziehen, in dem der Spargel mit den Köpfen nach oben stehen kann. Dann reicht eine relativ geringe Wassermenge aus.

Die zarten Spargelköpfe garen bei geschlossenem Deckel auch schon im Wasserdampf sehr gut. Zudem wird verhindert, dass das Kochwasser das gute Aroma aus den Köpfen wäscht.

Spezielle Spargeltöpfe sind in ihrer Form so angepasst, dass der Spargel in einem Korbeinsatz senkrecht stehen kann und gleichzeitig eine minimale Wassermenge benötigt wird.

Das Wasser muss bereits kochen oder fast kochen, wenn der Spargel hineingegeben wird. Die Kochzeit richtet sich nach der Dicke der Spargelstangen. Weißer und violetter Spargel benötigt etwa 10 bis 15 Minuten, der dünnere grüne Spargel etwa 8 bis 10 Minuten. Dämpfen dauert einige Minuten länger. Letztlich sollte man die optimale Kochzeit selbst ermitteln. Der eine liebt weich gekochten Spargel, der andere wünscht sich Spargel mit „Biss“. Wie bei fast allen Gemüsesorten bleiben umso mehr wertvolle Vitamine erhalten, je kürzer die Garzeit ist.

In das Kochwasser gehört immer etwas Salz – etwa ein Teelöffel pro Liter – und eine gute Prise Zucker, der insbesondere beim grünen Spargel die Bitterstoffe abmildert. Ein Teelöffel Butter im Wasser verfeinert den Geschmack. Bei weißem Spargel, und nur bei diesem, darf man eine sehr kleine Menge Zitronensaft hinzugeben, damit die Stangen schön weiß bleiben. Grüner Spargel würde sich verfärben.

Ein passendes Getränk zu Spargelgerichten ist immer ein leichter, trockener Weißwein, eventuell auch ein Rosé. Zu herzhaften Beilagen wie Fleisch schmeckt natürlich auch ein kühles helles Bier, etwa ein Pils.

Saucen

Puristen unter den Spargelfreunden schwören auf einfache zerlassene Butter zu diesem köstlichen Gemüse. Die heiße Butter wird über die Spargelstangen gegossen – fertig.

Unter den verschiedenen Saucen, die für Spargelgerichte geeignet sind, ist an allererster Stelle die „Sauce Hollandaise“ zu nennen. Sie wird heute von etlichen Herstellern als fertige Sauce angeboten und kann selbstverständlich sehr gut verwendet werden. Wer jedoch selbst eine Sauce Hollandaise zubereiten möchte, findet hier einen Rezeptvorschlag und ein paar Variationen. Anschließend folgen ein paar weitere, raffinierte Spargelsaucen.

Die Zutaten für 3 Personen sind:

Eigelb von 3 Eiern
3 EL Weißwein
125 g Butter, auf Zimmertemperatur erwärmt
1 EL Zitronensaft
Salz und Pfeffer

Zubereitung: Eine Metallschüssel, in der die Sauce zubereitet wird, in ein warmes, aber nicht kochendes Wasserbad setzen. Während der gesamten Zubereitung darauf achten, dass kein Wasser in die Sauce gelangt! Das Eigelb und den Weißwein in der Schüssel mit den Schneebesen des elektrischen Handrührgerätes cremig schlagen. Die Butter in Teelöffel-Portionen unterrühren, wobei jede Portion aufgelöst sein muss, bevor die nächste zugeführt wird. Die Sauce mit 1 EL Zitronensaft, Salz und Pfeffer würzen. Bis zum Servieren im Wasserbad warm halten.

Tipp *Falls die Sauce gerinnen sollte, rühren Sie entweder ein paar Tropfen eiskaltes Wasser ein oder schlagen noch ein Eigelb unter.*

Variation: Malteser Sauce

Statt mit Zitronensaft mit ½ TL abgeriebener, ungespritzter Blutorangen-Schale und 2 EL Blutorangensaft verfeinern. Diese Sauce passt gut zu Geflügel und gegrilltem Fleisch.

Variation: Sauce Chantilly

Unter die fertige Sauce 100 g geschlagene Sahne rühren. Ideal zu Fisch!

Variation: Dijon-Senf-Sauce

Die Sauce Hollandaise mit 1 TL Dijon-Senf würzen. Passt ebenfalls zu Fisch, aber auch zu Kalbfleisch.

Variation: Sauce Bernaise

1 feingewürfelte Schalotte mit 1 TL zerdrückten weißen Pfefferkörnern in 40 ml Essig auf die Menge von einem Esslöffel einköcheln lassen. Dann wie die Hollandaise zubereiten. Mit feingehacktem, frischem Estragon würzen. Die Sauce Bernaise eignet sich gut für Steaks als Spargel-Beilage.

Möhrensalsa mit Schafskäse (für 2 Personen). 20 g gehackte Mandeln ohne Fett in der Pfanne rösten. 1 Stiel Thymian fein hacken. 1 große Möhre schälen und in kleine Stücke schneiden. Die Möhrenstücke mit 1 EL Öl in einem Topf kurz andünsten, dann 75 ml Wasser und eine Messerspitze Instant-Gemüsebrühe zugeben, Topf zudecken und 4 Minuten dünsten. ¼ kleine Chilischote fein hacken und zusammen mit Mandeln und Thymian in die Brühe geben. Mit Salz und Pfeffer abschmecken und mit Schafskäse garnieren.

Kalte Joghurtsauce mit Forellenfilet (für 2 Personen). 75 g geräuchertes Forellenfilet (oder Lachsfilet) in kleine Stücke teilen. ½ Bund Dill fein schneiden. 150 g Vollmilchjoghurt, 75 g Crème légère, 1 EL Limettensaft, etwas Salz und Pfeffer verrühren. Forellenstücke und Dill unter die Sauce rühren. Mit Salz, Pfeffer und einer Prise Zucker abschmecken.

Frühlingskräuter-Pesto (für 2 Personen). 1 kl. Bund Kräuter (z. B. Basilikum, Petersilie, Kerbel, Schnittlauch) grob hacken. 1 EL Pinienkerne ohne Fett in der Pfanne rösten. 10 g Parmesan reiben. Die gehackten Kräuter, 50 ml Gemüsebrühe und 2 EL Olivenöl mit einem Mixstab pürieren. Pinienkerne und Parmesan zugeben, alles nochmals pürieren und mit etwas Salz würzen.

Tomatensause mit Rauke (für 2 Personen). 1 kleine Zwiebel würfeln und in etwas Öl andünsten. 1 TL Tomatenmark einrühren und anschwitzen. Mit kleinen Stücken von geschälten Tomaten (425-ml-Dose) ablöschen und aufkochen. Mit Salz, Pfeffer, und einer Prise Zucker abschmecken. 10 Minuten köcheln. 75 g Kirschtomaten halbieren und 2 Minuten vor Garzeitende zugeben. 25 g Rauke hacken, zur Soße geben.

Zitronen-Vinaigrette mit Garnelen (für 2 Personen). Einige Blättchen Zitronenmelisse in Streifen schneiden. 2 EL Zitronensaft, 1 TL abgeriebene Zitronenschale (unbehandelt), ½ TL Senf, 1 TL Honig und 2 EL Essig in einer Schüssel verrühren. Mit Salz und Pfeffer würzen. 3 EL Öl darunter schlagen. 4 Garnelenschwänze (geschält und gekocht) mit Salz und Pfeffer würzen und in einer beschichteten Pfanne in etwas heißem Öl scharf anbraten. Mit der Melisse in die Vinaigrette geben.

Einführung

Zubereitung ca. 15 Minuten 4 Portionen

Zutaten

1 kg weißer Spargel mittlerer Stärke

1 mittelgroße Zwiebel

½ Bund Schnittlauch

2 EL Walnussöl

4 EL Sonnenblumenöl

1 TL Zitronensaft

Salz

Pfeffer

Zucker

Butter

300 g rohes Lachsfilet

Die Spargelstangen ca. 8 Minuten in bereits kochendes Salzwasser unter Beigabe von etwas Zucker und Butter kochen. Spargel auf Küchenkrepp trocknen und etwas abkühlen lassen. Dann in ca. 3 cm lange Stücke schräg schneiden.

Schnittlauch waschen und schneiden. Ein wenig Schnittlauch für die Garnitur beiseite legen. Die Zwiebel schälen und in sehr kleine Stücke hacken oder schneiden. Für die Marinade den Schnittlauch und die Zwiebelstücke mit dem Öl und Zitronensaft verrühren und mit Salz, Pfeffer und etwas Zucker abschmecken.

Die Lachsfiletstücke auf den Tellern anrichten. Die Spargelstücke darüber streuen und mit der Marinade beträufeln. Mit dem restlichen Schnittlauch bestreuen.

Tipp *Hierzu passt perfekt getoastetes Weißbrot mit Butter.*

Spargel-Lachs-Car

-Lachs-Carpaccio

Zubereitung

ca. 20 Minuten 4 Portionen

Zutaten

500 g grüner Spargel
1 mittlere Zwiebel
1 EL Keimöl
½ l Gemüsebrühe
Salz
weißer Pfeffer
3 EL saure Sahne
Kräuter-Croûtons

Den Spargel waschen und (bei Bedarf) das untere Drittel der Stangen schälen. Holzige Spargelenden entfernen. Dann etwa 2 cm lange Stücke schneiden. Zwiebel schälen und fein zerhacken.

Das Keimöl in der Pfanne erhitzen und die gehackte Zwiebel darin goldgelb dünsten. Die Spargelstücke 2 Minuten unter Rühren mitdünsten. Die Gemüsebrühe eingießen und zusammen 8 bis 10 Minuten bei mittlerer Hitze kochen lassen.

Einige Spargelspitzen beiseite legen. Dann die Suppe mit dem Pürierstab oder Mixer pürieren. Mit Salz und Pfeffer würzen. Nun die saure Sahne unterziehen, aber nicht mehr aufkochen lassen.

Die Suppe auf die Suppenteller verteilen und die Spargelspitzen sowie die Croûtons darüber streuen.

ine Spargelsuppe

Zubereitung ca. 15 Minuten 1 Portion

Zutaten

6 Stangen weißer Spargel, mittlere bis dicke Stangen

Salz

Zucker

Butter

3-5 kleine Kartoffeln

Sauce Hollandaise

4 Scheiben gekochter Schinken

Schnittlauch zur Garnierung

Den Spargel schälen und in heißem (bereits kochendem) Salzwasser unter Beigabe von etwas Zucker und Butter 15 Minuten kochen lassen, dann auf Küchenkrepp trocknen. Die Kartoffeln dämpfen und schälen („Pellkartoffeln").

Wenn Sie die Sauce Hollandaise selbst zubereiten wollen, finden Sie hierzu ein Rezept auf Seite 14. Ansonsten verwenden Sie ein Päckchen Sauce Hollandaise und verfahren nach der Packungsangabe.

Den Schinken zusammen mit den Spargelstangen und den gepellten Kartoffeln dekorativ anrichten und die Sauce darüber geben.

Tipp *Statt des gekochten Schinkens kann auch roher oder geräucherter Schinken genommen werden.*

rgel mit Schinken

Zubereitung ca. 20 Minuten 4 Portionen

Zutaten

500 g grüner Spargel

200 ml Milch

100 ml Schlagsahne

100 g Mascarpone

50 g Pecorinokäse (eventuell mit Trüffel)

Salz

weißer Pfeffer

500 g Gnocchi

50 g grob gehackte Walnusskerne

Den grünen Spargel waschen und (bei Bedarf) das untere Drittel schälen. Holzige Enden entfernen und dann die Stangen in 2cm lange Stücke schneiden. Im heißen Salzwasser 8-10 Minuten kochen lassen. Spargelstücke abseihen.

Milch und Sahne kochen und den Mascarpone unterrühren. Mit Salz und weißem Pfeffer abschmecken. Die Gnocchi nach Packungsanweisung kochen (wenige Minuten, bis diese an die Oberfläche steigen). Dann sofort mit dem Schaumlöffel abschöpfen. Die Gnocchi bleiben so „al dente".

Auf den Tellern die Gnocchi und den Spargel mit der Sauce übergießen und mit den gehackten Walnüssen garnieren. Den Pecorino reiben und darüber streuen.

mit Walnuss-Sauce

Zubereitung ca. 30 Minuten 2 Portionen

Zutaten

16 Stangen weißer Spargel (mittlere bis dicke Stangen)

8 kleine Kartoffeln

Salz

bunter Pfeffer

Zucker

1 EL Butter

250 g Zitronen-Hollandaise

4 marinierte Garnelenspieße

Speiseöl für die Pfanne

Kartoffeln waschen, dämpfen und dann pellen. Spargel waschen, schälen und die holzigen Enden entfernen. Wasser mit einer Prise Zucker und 1 EL Butter zum Kochen bringen. Den Spargel ca. 12-15 Minuten garen.

Die Garnelenspieße in der heißen Pfanne knusprig braten oder grillen. Die Zitronen-Hollandaise in einem kleinen Topf erwärmen.

Vor dem Servieren die Spargelstangen auf Küchenkrepp trocknen. Die Garnelen darüber verteilen und die Sauce über die Spargelenden gießen. Die Kartoffeln mit Salz und buntem Pfeffer würzen.

Zubereitung ca. 30 Minuten 6 Portionen

Zutaten

750 g weißer Spargel (mittlerer Stärke)

100 g gekochter Schinken

50 g roher Schinken

100 g Fleischwurst

6 Scheiben Toastbrot

2 Eier

100 ml Sahne

Butter

100 g Allgäuer Emmentaler am Stück

Salz

Pfeffer

Zucker

Pflanzenfett oder Pflanzenöl

Spargel schälen und die Stangen halbieren. Wasser mit Salz und etwas Zucker und einem EL Butter erhitzen und darin die Spargelstücke 15 Minuten kochen. Dann abseihen und erkalten lassen.

Schinken und Fleischwurst in kleine Streifen schneiden. 6 Scheiben Toastbrot rösten und nach dem Abkühlen fein mit Butter bestreichen. Die Spargelstangen auf die Toastscheiben legen und die Schinken-/Fleischwurststreifen darüber geben.

Eier und Sahne mit Salz und Pfeffer vermengen und in der mit Pflanzenfett erhitzten Pfanne zu Rührei verquirlen und über den Toast geben. Dann den Emmentaler darüber reiben oder hobeln. Den Spargel-Toast nun im Grill überbacken, bis sich der Käse leicht goldgelb färbt. Alternativ können Sie den Käse auf dem Toast auch in der Mikrowelle zum Schmelzen bringen.

Tipp *Der Spargel-Toast sieht noch appetitlicher aus, wenn Sie ihn mit etwas fein geschnittenem Schnittlauch bestreuen.*

Spargel-Toast

Spargel-Toast

Zubereitung ca. 30 Minuten 4 Portionen

Zutaten

1 kg weißer Spargel (mittlere Stärke)

3 fein-säuerliche Äpfel (z. B. Jonagold)

3 EL Zitronensaft

2 EL Mayonnaise

etwas Butter

100 g Kräuter-Crème-Fraîche

Zucker

Salz

Weißer Pfeffer

Schnittlauch

1 Eichblattsalat

Spargel schälen und in 1 cm lange Stücke schneiden. In siedendes Wasser 1 EL Butter und eine Prise Zucker geben und darin die Spargelstücke ca. 12 Minuten garen. Dann abseihen und erkalten lassen.

Äpfel vom Kernhaus befreien und dünne Apfelschnitze schneiden. Zitronensaft, Mayonnaise und Kräuter-Crème-Fraîche zu einer Soße verrühren und leicht mit Salz und Pfeffer würzen. Dann die Spargelstücke und die Apfelschnitze mit der Soße vermengen.

Der Apfel-Spargel-Salat lässt sich sehr attraktiv in Cocktailschalen anrichten. Zur Verzierung und Umrahmung dieser Köstlichkeit können die Blätter des dunkelgrünen bis rotbraunen Eichblattsalats entlang des Glasrands gesteckt werden. Zur optischen und geschmacklichen Abrundung wird noch etwas frisch geschnittener Schnittlauch darüber gestreut.

Apfel-Spargel-Sala

fel-Spargel-Salat

Zubereitung ca. 20 Minuten 4-6 Portionen

Zutaten

Pro Person
6 Stangen weißer Spargel
(mittlere bis dicke Stangen)

Salz, Zucker, Butter

4-6 Cocktailtomaten

2 Päckchen Sauce Hollandaise

750 g gemischtes Hackfleisch

1 mittelgroße Zwiebel

1 Ei

½ Bund Schnittlauch

½ Bund Petersilie

Salz, Pfeffer

2 EL Paniermehl

Keimöl

Zwiebel schälen und in kleine Stücke zerhacken. Schnittlauch und Petersilie schneiden. Das Hackfleisch in einer Schüssel mit den Zwiebelstücken, dem Ei, Salz, Pfeffer, Schnittlauch und der Petersilie sowie dem Paniermehl vermengen und gut durchkneten. Mit nassen (!) Händen dann aus dem Teig kleine Bällchen formen. In einer Pfanne das Öl erhitzen und die Frikadellen darin von allen Seiten knusprig braun braten.

Spargel schälen und in heißem Salzwasser unter Beigabe von etwas Zucker und Butter ca. 15 Minuten nicht zu weich kochen lassen. Spargel abtropfen lassen.

Die Sauce Hollandaise nach Packungsangabe zubereiten – oder entsprechend dem Rezept auf Seite 14.

Auf Tellern anrichten und mit den Cocktailtomaten garnieren.

Tipp

Ein kühles Pils passt besonders gut zu den Frikadellen!

llen mit Spargel

nit Spargel

Zubereitung ca. 20 Minuten 4 Portionen

Zutaten

1 kg weißer Spargel (mittlere Stärke)

Salz

Zucker

4 Eier

300 g geschälte Mandarinen (Dosenware)

½ Bund Zwiebelröhrchen

Für die Sauce

5 EL Mayonnaise

5 EL Sahne

1 EL Puderzucker

1 EL mittelscharfer Senf

Salz

weißer Pfeffer

1 EL Zitronensaft

Spargel schälen und in 5 cm lange Stücke schneiden. Wasser mit Salz und Zucker kochen und den Spargel darin ca. 12 Minuten garen lassen. Spargelstücke abseihen, auf Küchenkrepp trocknen und abkühlen lassen.

Die 4 Eier hart kochen, dann schälen und in Scheiben schneiden. Mandarinenscheiben abtropfen lassen. Zwiebelröhrchen waschen, putzen und in kleine Ringe schneiden.

Die Zutaten für die Sauce in einer kleinen Schüssel glattrühren.

Die Spargelstücke, die Mandarinen und die Eierscheiben anrichten und die Sauce darüber verteilen.

Tipp *Dazu passt frisches Brot, oder Butterbrot mit leicht gesalzenen Radieschen oder auch Tomaten.*

Eier-Spargelsalat

Eier-Spargelsalat

Zubereitung ca. 40 Minuten 4 Portionen

Zutaten

800 g kleine,
neue Kartoffeln

2 Eier

2 kg weißer Spargel
(mittlere bis dicke Stangen)

Salz

Zucker

Butter

1 Zwiebel

450 ml Milch

200 g süße Sahne

geriebene Muskatnuss

1 Bund Kerbel

4 Scheiben Kasseler

Kartoffeln schälen und in dünne Scheiben schneiden. Eier hart kochen. Zwiebel schälen und fein zerhacken. In Butter andünsten, Kartoffelscheiben dazugeben, kurz weiter dünsten und mit Milch und Sahne aufgießen. Mit Salz und Muskat würzen und bei mittlerer Hitze 20 bis 30 Minuten garen.

Spargel schälen, die holzigen Enden entfernen und 12 bis 15 Minuten in heißem Salzwasser unter Beigabe von etwas Zucker und Butter kochen. Die Stangen mit einer Schaumkelle herausnehmen und auf Küchenkrepp trocknen.

Kerbel waschen, trocknen und die Blättchen abzupfen. Eier schälen und fein würfeln.

In der Pfanne die Kasseler in Butter erhitzen. In einem kleinen Topf zusätzlich etwas Butter aufschäumen lassen.

Die angerichteten Spargelstangen mit der heißen Butter übergießen und die gehackten Eier und die Kerbelblättchen darüber streuen.

ffeln und Kasseler

Zubereitung ca. 15 Minuten 4 Portionen

Zutaten

250 g weißer Spargel mittlerer Stärke

200 ml Weißwein (Riesling)

Salz

Zucker

Butter

Schnittlauch

Kresse

1 EL Hühnersuppenpulver

Pfeffer

geriebene Muskatnuss

Spargel schälen, die holzigen Enden entfernen und 8 Minuten in heißem Salzwasser unter Beigabe von etwas Zucker und Butter kochen. Die Spargelstangen abseihen und in kurze Stücke schneiden.

Von der Spargelbrühe 800 ml nehmen und mit 200 ml Weißwein sowie 1 gehäuften EL Hühnersuppenpulver verrühren. Die Spargelstücke zugeben und die Suppe kurz aufkochen lassen, mit Salz, Pfeffer und Muskat abschmecken.

Die angerichtete Suppe mit fein geschnittenem Schnittlauch und Kresse bestreuen.

Tipp

Wenn Sie etwas mehr Zeit aufwenden wollen, können Sie die Suppe auch so zubereiten: Eine Zwiebel, eine Möhre und ein Stück Sellerie in kleine Stücke schneiden und zusammen mit den Spargelschalen und Spargelenden mit Butter andünsten, dann mit der Spargelbrühe und dem Weißwein ca. 30 Minuten köcheln lassen. Vor dem Anrichten die Suppe durch ein Sieb abseihen.

elle Spargelsuppe

pe

Zubereitung ca. 30 Minuten 4 Portionen

Zutaten

1 kg weißer Spargel (mittlere Stangen)

2 Camembert-Käse à 250 g

Salz

Zucker

4 EL Butter

200 g gemischter Blattsalat

4 Cocktailtomaten

½ gelbe Paprika

½ Zucchini

1 kleine Möhre

2 Erdbeeren

Spargel waschen, schälen und die holzigen Enden entfernen. Backofen auf 225° C vorheizen. Den Spargel auf vier Alufolien verteilen. Etwas salzen und je 1 EL Butter darüber geben. Die Folien einschlagen und im Ofen auf mittlerer Schiene 20 Minuten backen.

Die Paprika, Zucchini und Möhre in kleine Stücke schneiden und mit dem Blattsalat vermengen.

Den Camembert in schmale Streifen schneiden. Die heißen Spargelstangen auf den Tellern anrichten und die Käsestreifen darüber legen. Wer will, kann den Käse in der Mikrowelle noch ein paar Sekunden anschmelzen lassen. Dann mit Erdbeerhälften garnieren und den Salat hinzugeben.

Tipp *Zu diesem leichten Gericht reichen Sie am besten ein französisches Baguette.*

embert und Salat

ert und Salat

Zubereitung ca. 30 Minuten 4 Portionen

Zutaten

800 g weißer Spargel (mittlere Stärke)

250 g Bandnudeln

1 mittelgroße Zwiebel

3 EL Rapsöl

Salz

Pfeffer

Zucker

Butter

200 g gekochter Schinken (in stärkeren Scheiben)

200 ml Sahne

2 Eigelb

50 g geriebener Gouda

Nudeln im Salzwasser „al dente“ kochen. Abgießen und abtropfen lassen. Spargel schälen, die holzigen Enden entfernen und ca. 10 Minuten in heißem Salzwasser unter Beigabe von etwas Zucker und Butter kochen.

Die Spargelstangen in 2 cm kurze Stücke schneiden. Zwiebel schälen und sehr fein hacken. Schinken in kleine Würfel schneiden und zusammen mit der Zwiebel im heißen Rapsöl in der Pfanne goldbraun anbraten, dann den Spargel dazugeben.

Sahne mit Eigelb, dem geriebenen Gouda und etwas Salz und Pfeffer verquirlen. In die Spargel-Schinkenmischung heben und nochmals erhitzen, aber nicht mehr kochen lassen. Dann die Bandnudeln vorsichtig untermengen und auf Tellern anrichten.

Spargel mit Bandn

mit Bandnudeln

leln

Zubereitung ca. 30 Minuten 4 Portionen

Zutaten

250 g weißer Spargel (dünne bis mittlere Stangen)

250 g grüner Spargel

Salz

Zucker

Butter

1 geh. EL Hühnersuppenbrühe

250 g Risotto-Reis

1 mittelgroße Zwiebel

50 g Parmesan

Pflanzenöl

Weißen Spargel schälen (den grünen nur bei Bedarf), die holzigen Enden entfernen und ca. 8 Minuten in heißem Salzwasser unter Beigabe von etwas Zucker und Butter nicht zu weich kochen. Die grünen Spargelstangen etwa 3 Minuten nach dem weißen Spargel in den Topf geben. Die Stangen mit einer Schaumkelle herausnehmen, auf Küchenkrepp trocknen und in kurze Stücke schräg schneiden. Achtung: Die Spargelbrühe nicht wegschütten! Sie wird später für den Reis gebraucht.

Zwiebel schälen und in feine Würfel hacken. Zusammen mit dem Reis im Pflanzenöl anrösten. Das Suppenpulver in einen Liter heiße Spargelbrühe einrühren und diese dann nach und nach unter gelegentlich leichtem Rühren in die Zwiebel-Reispfanne gießen. Knapp 20 Minuten bei mittlerer Hitze garen.

Die Spargelstücke nun vorsichtig unter den Risotto heben, auf Tellern anrichten und mit Parmesan bestreuen.

Spargelrisotto

Spargelrisotto

Zubereitung ca. 30 Minuten (ohne Backzeit) 12 Muffins

Zutaten

500 g weißer Spargel (dünne Stangen, „Babyspargel")
300 g Weizenmehl
1 Päckchen Backpulver
1 Becher Kräuter-Crème-Fraîche
100 ml Sonnenblumenöl
Salz, Zucker, Butter
2 Eier
100 g roher Schinken (in Würfeln)
Papierförmchen für Muffins

Für den Dip:

1 Becher Crème légère (z. B. von Dr. Oetker)
1 TL Dijon-Senf
Schnittlauch, Kresse
Salz

Die ungeschälten Spargelstangen 8 Minuten in heißem Salzwasser unter Beigabe von etwas Zucker und Butter kochen, dann auf Küchenkrepp trocknen und etwas abkühlen lassen. In ca. 2cm lange Stücke schräg schneiden.

Mehl und Backpulver in einer Schüssel zusammenrühren. Kräuter-Crème-Fraîche, Sonnenblumenöl, Eier und etwas Salz hinzugeben. Mit Küchenrührgerät zuerst vorsichtig, dann kräftig rühren, bis der Teig glatt ist. Die Spargelstückchen und die Schinkenwürfel vorsichtig unterheben.

Küchenherd auf 200° C vorheizen. Die 12 Papierförmchen in die Muffinform stecken und mit dem Teig füllen. In der unteren Schiene im Backofen ca. 30 Minuten backen.

Sie können die Muffins auch in den Papierförmchen servieren.

Crème légère mit dem Dijon-Senf und den fein geschnittenen frischen Kräutern verrühren und mit Salz abschmecken. Den Dip in kleinen Schälchen zu den Muffins reichen.

Tipp *Auch kalt schmecken die Muffins köstlich.*

Spargelmuffins

Spargelmuffins

Zubereitung ca. 40 Minuten 3 Portionen

Zutaten

500 g weißer Spargel (mittlere Stangen)

Salz

Zucker

Butter

600 g Kartoffeln

200 g Zuckerschoten

3 Lachsfilets in Streifen

100 g Gouda gerieben

150 g Crème fraîche

1 Ei

Pflanzenöl

Spargel waschen, schälen und die holzigen Enden entfernen. In 3 cm lange Stücke schneiden. Wasser mit Salz, einer Prise Zucker und 1 EL Butter zum Kochen bringen. Den Spargel ca. 12-15 Minuten garen.

Kartoffeln waschen und in heißem Wasser 20 Minuten garen, dann schälen und in kleine Stücke schneiden. Zuckerschoten putzen, waschen und in wenig Wasser mit 1 TL Butter dünsten.

Die Lachsfilets in der Pfanne 2-3 Minuten pro Seite im heißen Pflanzenöl anbraten. Die Spargel und Zuckerschoten gut abtropfen und zusammen mit den Kartoffeln in eine gefettete Gratinform geben. Den geriebenen Käse mit Crème fraîche und dem Ei verrühren und über dem Gemüse verteilen. Die Lachsstreifen darauf legen.

Im vorgeheizten Backofen bei 200° C ca. 15 Minuten backen.

-Gratin mit Lachs

atin mit Lachs

Zubereitung ca. 40 Minuten 4 Portionen

Zutaten

400 g weißer Spargel (dünne Stangen, „Babyspargel“)

400 g grüner Spargel

Salz, Zucker, Butter

3 Eier

50 ml Sahne

100 ml Milch

½ Bund Schnittlauch

geriebene Muskatnuss

125 g Mehl

Pflanzenfett zum Braten

1 Becher Crème légère (z. B. von Dr. Oetker)

Schnittlauch waschen und fein schneiden. In einer Schüssel die Eier, Sahne, Milch, etwas Salz und Pfeffer, Muskat und den Schnittlauch verquirlen. Mehl darüber sieben und mit dem Schneebesen unterrühren. Nun den Teig 30 Minuten ruhen lassen.

In der Zwischenzeit den Spargel waschen, die holzigen Enden entfernen und ca. 8 Minuten in heißem Salzwasser unter Beigabe von etwas Zucker und Butter kochen. Die Stangen mit einer Schaumkelle herausnehmen, auf Küchenkrepp trocknen und in 2-3 cm kurze Stücke schneiden.

Die Spargelstücke in den Teig unterheben. In einer Pfanne Pflanzenfett erhitzen. Aus dem Teig 8 Küchlein nach und nach in der Pfanne backen.

Tipp

Die Küchlein schmecken sehr gut zu Kurzgebratenem aber auch zu Fisch.

Als Dip die Crème légère in einer kleinen Schüssel reichen und mit etwas frischem Schnittlauch und Kerbel bestreuen oder einen leckeren frischen Blattsalat.

Spargelküchlein

Spargelküchlein

Zubereitung ca. 20 Minuten 4 Portionen

Zutaten

250 g weißer Spargel (dünne Stangen)

250 g grüner Spargel

600 g Bärlauch-Maultaschen (evtl. aus dem Kühlregal)

200 g Gorgonzola

250 ml Rama Cremefine zum Kochen

100 g Parmesan am Stück

Salz

Zucker

Butter

Pflanzenfett

Die Spargelstangen 8 Minuten in heißem Salzwasser unter Beigabe von etwas Zucker und Butter kochen, dann auf Küchenkrepp trocknen und etwas abkühlen lassen. In ca. 2 cm lange Stücke schräg schneiden.

Bärlauch-Maultaschen in heißem Pflanzenfett in der Pfanne von beiden Seiten kurz anbraten, dann aus der Pfanne nehmen.

Die Cremefine in der Pfanne verrühren. Den Gorgonzola in kleine Stücke schneiden und zugeben. Bei mittlerer Hitze 5 Minuten köcheln lassen.

Die Bärlauch-Maultaschen anrichten und die Spargelstücke dazulegen. Die Sauce darüber gießen und genießen!

Zubereitung ca. 20 Minuten 4 Portionen

Zutaten

24 Stangen weißer Spargel (mittlere Stärke)

Salz

Pfeffer

Zucker

Butter

4 Lachsfilets in Streifen (ca. 600 g)

1 EL Speiseöl

2 EL geröstete Mandelblättchen

einige Blätter Basilikum

250 ml Kräuter-Hollandaise Légère (z. B. von Thomy)

Spargel schälen, holzige Enden entfernen, in heißem Salzwasser mit etwas Zucker und Butter ca. 12-15 Minuten kochen, abtropfen lassen und auf Küchenkrepp trocknen.

Die Lachsstreifen mit Salz und Pfeffer würzen. In der Pfanne im heißen Öl 4-5 Minuten auf beiden Seiten braten. Die Kräuter-Hollandaise nach Packungsanleitung zubereiten.

Die Spargelstangen und den Lachs auf den Tellern anrichten und die Sauce über den Spargel gießen. Einige Mandelblättchen darüber streuen und mit den Basilikumblättern garnieren.

Tipp

Rösten Sie die Mandelblättchen in der Pfanne ab!

Wenn Sie Ihre eigene Sauce Hollandaise zubereiten wollen, finden Sie einige Rezeptvorschläge in diesem Buch auf Seite 14.

Spargel mit Lachs

pargel mit Lachs

Zubereitung ca. 15 Minuten (ohne Gelierzeit) 2 Portionen

Zutaten

250 g weißer Spargel (kleine, dünne Stangen, „Babyspargel")

Salz

Zucker

Butter

6-8 Scheiben Kalter Braten (dünne Scheiben)

1 Tomate

Petersilie zur Dekoration

1 Päckchen Delikatess-Sülzenpulver

Wenn Sie von Ihrem guten Sonntagsbraten noch etwas übrig haben, können Sie davon dünne Scheiben schneiden. Ansonsten nehmen Sie Kalten Braten von Ihrem Metzger.

Spargelstangen 8 Minuten in heißem Salzwasser unter Beigabe von etwas Zucker und Butter kochen lassen. Spargel auf Küchenkrepp trocknen und auskühlen lassen.

Die Bratenscheiben portionsgerecht in die Teller legen. Die kleinen Spargelstangen zusammen mit Tomatenscheiben in den Tellern anrichten.

(Zusätzlich/alternativ können Sie auch Scheiben von hart gekochten Eiern oder von Essiggurken in die Spargelsülze legen.)

Das Sülzenpulver entsprechend der Packungsanleitung mit Wasser anrühren, abschmecken und die Teller auffüllen. Im Kühlschrank ca. 3-4 Stunden kalt stellen.

Tipp *Als Beilage eignen sich Bratkartoffeln ganz ausgezeichnet. Und mit einem Glas Bier wird die Sülze zu einem erfrischenden Sommeressen.*

Spargelsülze

Spargelsülze

Zubereitung

ca. 30 Minuten (ohne Backzeit) 4 Portionen

Zutaten

300 g Tiefkühl-Blätterteig

250 g weißer Spargel (mittlere Stärke)

250 g grüner Spargel

Salz

Zucker

Butter

3 Eier

200 ml Sahne

Pfeffer

geriebene Muskatnuss

1 EL Zitronensaft

Die Blätterteigplatten trennen und auftauen lassen. Spargel schälen, holzige Enden entfernen. Den weißen Spargel ca. 3 Minuten in heißem Salzwasser unter Beigabe von etwas Zucker und Butter garen. Dann den grünen Spargel zugeben und weitere 3 Minuten garen, anschließend herausnehmen und mit kaltem Wasser abschrecken. Auf Küchenkrepp trocknen und in 3-4 cm große Stücke schneiden.

Den Backofen auf 180° C vorheizen. Die Blätterteigplatten überlappend auslegen und mit dem Nudelholz auf einer bemehlten Arbeitsfläche rund ausrollen. Die Quicheform (Ø 30 cm) kalt ausspülen und mit dem Blätterteig auslegen. Überstehenden Teig entfernen.

Für den Guss: Die Eier mit der Sahne in einem kleinen Schälchen verquirlen und mit Salz, Pfeffer, Muskat und Zitronensaft pikant würzen.

Die Spargelstücke jetzt auf dem Blätterteigboden verteilen und gleichmäßig mit der Eier-Sahne-Masse bedecken. 45 Minuten backen und dann in der Quichform servieren.

Tipp

Stellen Sie eine feuerfeste Schale mit Wasser in den Backofen! Dann geht der Blätterteig besser auf.

Spargelquiche

Spargelquiche

Zubereitung

ca. 20 Minuten
(ohne Teig-Ruhezeit und Backzeit)

8 Torteletts

Zutaten

150 g weißer Spargel (dünne Stangen, „Babyspargel")

150 g grüner Spargel (dünne Stangen)

250 g Mehl

Salz

Pfeffer

Zucker

ca. 120 g Butter

1 Ei (für den Teig)

75 ml lauwarmes Wasser

1 mittelgroße Möhre

4 EL Paniermehl

150 ml Sahne

Eigelb von 5 Eiern

2 EL gehackte Petersilie

Mehl, Salz, 90 g Butter, ein Ei und Wasser zu einem Teig glatt kneten. 1 Stunde im Kühlschrank ruhen lassen.

Spargel waschen und in 1 cm kleine Stücke schneiden. Die Möhre schälen und in kleine Stücke schneiden. Die Spargelstücke und die Möhre in heißes Salzwasser geben und mit etwas Zucker und Butter ca. 8 Minuten kochen. Mit der Schaumkelle das Gemüse abschöpfen und auf Küchenkrepp trocknen.

8 Tortelett-Förmchen buttern und mit Paniermehl bestreuen. Den Teig dünn ausrollen und die Förmchen damit auslegen, dann das Gemüse einfüllen. Die Sahne, das Eigelb und die Petersilie verquirlen, mit Salz und Pfeffer würzen und gleichmäßig auf die Torteletts verteilen.

Im vorgeheizten Backofen bei 200° C auf mittlerer Schiene 15 Minuten backen.

Tipp

Auch kalt schmecken die Torteletts!

Spargel-Torteletts

pargel-Torteletts

Zubereitung

ca. 20 Minuten
und 25 Minuten Backzeit

4 Portionen

Zutaten

1 kg weißer Bruchspargel (mittlere bis dicke Stangen)

150 g gekochter Schinken (gewürfelt)

150 g roher Schinken (gewürfelt)

200 g junger Gouda (gewürfelt)

Salz

Zucker

Butter

2 Eier

Zitronensaft

1 EL mildes Paprikapulver

Weißen Spargel je nach Bedarf im unteren Drittel schälen, holzige Enden entfernen und 10-12 Minuten in heißem Salzwasser unter Beigabe von etwas Zucker und Butter kochen. Den Spargel mit einer Schaumkelle herausnehmen und auf Küchenkrepp trocknen. Längere Spargelstangen halbieren.

Eine feuerfeste Form mit Butter ausstreichen und mit den Gouda- und den Schinkenwürfeln füllen.

Bei beiden Eiern das Eigelb vom Eiweiß trennen. Ein Eigelb mit 1 EL mildem Paprikapulver verquirlen. Das Eiweiß von beiden Eiern mit ein paar Tropfen Zitronensaft schnittfest schlagen, salzen und vorsichtig dem Eigelb unterheben. Dann mit dieser Masse den Auflauf bedecken und im Backofen bei 200° C etwa 25 Minuten backen.

Spargelauflauf

Spargelauflauf

Zubereitung ca. 25 Minuten 4 Portionen

Zutaten

800 g weißer Spargel
1 rote Paprikaschote
1 große Zwiebel
2 EL Rapsöl
50 ml Gemüsefond
8 Eier
100 ml Milch
Salz
Pfeffer
1 Zweig Thymian

Spargel waschen, schälen und die holzigen Enden wegschneiden. In 2 cm lange Stücke schneiden. Die Paprikaschote waschen, halbieren und Stiel, Kerne und Trennwände entfernen. Dann in schmale Streifen schneiden. Zwiebel schälen und in feine Ringe schneiden.

Öl in einer großen Pfanne erhitzen. Darin das Gemüse ca. 5 Minuten dünsten. Gemüsefond zugeben nochmals knapp 5 Minuten dünsten.

Eier, Milch, Salz und Pfeffer verquirlen. Thymian mit kaltem Wasser abbrausen, trocken schütteln, die Blätter abzupfen und unter die Eier-Milch mischen. Diese dann über das Spargel-Paprika-Gemüse gießen und zugedeckt stocken lassen.

Tipp

Die Tortilla kann warm ebenso wie kalt - sehr gut auch zusammen mit einem Tomatensalat - serviert werden.

Spargel-Tortilla

Spargel-Tortilla

Zubereitung ca. 30 Minuten 4 Portionen

Zutaten

500 g weißer Spargel (mittlere Stärke)

600 g Hähnchenbrustfilet

200 g Erbsen (tiefgefroren)

100 g Sahne

Salz

Zucker

Butter

185 g Crème fraîche mit frischen Kräutern

150 g reifer, würziger Gorgonzola (z. B. Erborinato von Galbani)

100 g geriebener Gouda

Pflanzenfett

Weißen Spargel falls notwendig im unteren Drittel schälen, holzige Enden entfernen und ca. 10 Minuten in heißem Salzwasser unter Beigabe von etwas Zucker und Butter nicht zu weich kochen. Den Spargel mit einer Schaumkelle herausnehmen und auf Küchenkrepp trocknen. In 3 cm große Stücke schneiden.

Hähnchenbrustfilet in Würfel schneiden und in heißem Pflanzenfett in der Pfanne anbraten. Mit Salz und Pfeffer würzen. Mit der Sahne aufgießen und die Crème fraîche zugeben. Den Gorgonzola einschmelzen lassen.

Das Ganze geben Sie in eine feuerfeste Auflaufform. Nun die Spargelstücke unterheben und mit dem Gouda bestreuen. Mit Oberhitze im Backofen oder im Grill ca. 10 Minuten den Käse schmelzen lassen, bis er sich leicht goldgelb färbt.

Tipp *Als Beilage eignet sich Reis ausgezeichnet.*

pargel und Erbsen

Zubereitung ca. 10 Minuten 4 Portionen

Zutaten

500 g weißer Spargel (mittelstarke Stangen)

Olivenöl zum Braten

Spargel im unteren Drittel schälen, holzige Enden entfernen. Die Stangen halbieren und im heißen Olivenöl ca. 5 Minuten in der Pfanne braten.

Reichen Sie den Spargel auf frischem, gemischtem Blattsalat.

...bratener Spargel

Zubereitung ca. 45 Minuten 4 Portionen

Zutaten

24 Stangen weißer Spargel (mittlere Stangen)

Salz

Pfeffer

Zucker

Butter

8 kleine Schweineschnitzel

12 kleine, neue Kartoffeln

Olivenöl

4 EL Mehl

2 Eier

4 EL Paniermehl

4 EL Parmesan

Speiseöl zum Braten

Die Kartoffeln schälen, vierteln und in feuerfeste Form legen. Kartoffeln mit Olivenöl bestreichen und mit Salz und Pfeffer würzen. In vorgeheiztem Backofen 45 Minuten bei 200° C backen. Mehrmals während der Backzeit wenden.

Spargel schälen, in bereits kochendem Salzwasser mit etwas Zucker und Butter ca. 12 Minuten kochen, abtropfen lassen und auf Küchenkrepp trocknen.

Schnitzel waschen, trocken tupfen und klopfen. Mit Salz und Pfeffer würzen. Paniermehl mit geriebenem Parmesan mischen. Schnitzel zuerst im Mehl, dann in Ei in zuletzt im Parmesan-Paniermehl wenden. Schnitzel nach und nach im heißen Speiseöl goldgelb braten.

Auf den Tellern die Spargelstangen anrichten und mit ca. 4 EL zerlassener Butter übergießen. Schnitzel und die Kartoffeln dazulegen.

armesanschnitzel

nschnitzel

Zubereitung ca. 30 Minuten 4 Portionen

Zutaten

750 g weißer Spargel (mittlere Stangen)

1 Zwiebel

2 EL Olivenöl

1 Packung Sauce Hollandaise

2 EL Tomatenmark

Salz

Pfeffer

Zucker

Butter

1 EL frisches Basilikum

4 Kabeljau-Filets à 150 g

4 EL Zitronensaft

2 Beutel Reis (= 4 Portionen)

Einige Blättchen Basilikum (zur Dekoration)

Zwiebel schälen und klein hacken. Spargel waschen, schälen, die holzigen Enden entfernen und in 4 cm lange Stücke schneiden. In einer Pfanne Olivenöl erhitzen, die Zwiebel anbraten, die Spargelstücke zugeben und bei mittlerer Wärme 15 Minuten dünsten. Die Sauce Hollandaise dazugeben. 2 EL Tomatenmark unterrühren. Mit Salz und Pfeffer würzen und das Basilikum zugeben.

Die Kabeljau-Filets waschen, mit Küchenkrepp abtupfen, jedes Filet mit einem EL Zitronensaft beträufeln und mit Salz und Pfeffer würzen. In der Pfanne die Fischfilets in heißer Butter auf jeder Seite ca. 2 Minuten goldbraun braten.

Den Reis nach Packungsanleitung kochen. Den Fisch, den Spargel und den Reis auf Tellern anrichten und mit den Basilikum-Blättchen verzieren.

Spargel und Reis

Zubereitung

ca. 30 Minuten 4 Portionen

Zutaten

2 große Auberginen

500 g weißer Spargel (mittlere Stangen)

3 Tomaten

Mehl

Salz

Zucker

Butter

200 g Mozzarella

150 g Rucola

Speiseöl zum Braten

Für die Vinaigrette:

2 EL Weißweinessig

3 EL Olivenöl

3 EL Sonnenblumenöl

2 TL Schnittlauch, fein gehackt

Auberginen waschen, abtrocknen und in Scheiben schneiden. Mit Salz bestreuen und etwa 30 Minuten lang Wasser ziehen lassen, dann abspülen und abtrocknen.

Spargel schälen und holzige Enden entfernen. In heißem Salzwasser mit etwas Zucker und Butter ca. 10-12 Minuten kochen, dann herausnehmen, abtropfen und auf Küchenkrepp trocknen und abkühlen lassen, danach in ca. 3 cm lange Stücke schneiden.

Die Zutaten für die Vinaigrette mit dem Schneebesen vermischen. Den Rucola waschen und trocken schleudern.

Die Auberginentaler in Mehl wenden und in der Pfanne in heißem Speiseöl gut 5 Minuten goldgelb braten.

Tomaten und Mozzarella in Scheiben schneiden. Dann auf die Auberginentaler je eine Tomaten- und eine Mozzarellascheibe legen und im Backofen 12 Minuten bei 180° C backen.

Auberginentaler und Rucola auf Tellern anrichten, die Spargelstücke über den Rucola legen und mit der Vinaigrette beträufeln.

mit Spargelsalat

Spargelsalat

Zubereitung ca. 60 Minuten 4 Portionen

Zutaten

1 kg weißer Spargel (mittlere Stangen)

Salz

Pfeffer

Zucker

Butter

3 Eier

2 EL Schlagsahne

100 g Mehl

200 g gemahlene Mandeln

Rapsöl

½ Zitrone mit unbehandelter Schale

Spargel waschen, schälen, die holzigen Enden entfernen. Stangen je nach Länge halbieren oder dritteln. In Salzwasser mit etwas Zucker und Butter den Spargel ca. 15 Minuten bissfest garen. Die Spargelstücke abschöpfen. Auf Küchenkrepp trocknen und abkühlen lassen.

Eier mit Sahne verquirlen, Mehl mit Salz und Pfeffer mischen. Die Spargelstücke nacheinander in Mehl, Ei und Mandeln wenden.

Öl in der Pfanne erhitzen, die Spargel darin bei mittlerer Hitze 7 Minuten goldgelb backen und auf einem Rost abtropfen lassen.

Die Spargelstücke anrichten und mit Kresse und den Zitronenscheiben garnieren.

Tipp

Zu diesem Gericht passt sehr gut gekochter Schinken.

in Mandelkruste

uste

Zubereitung ca. 40 Minuten 4 Portionen

Zutaten

1 kg weißer Spargel (mittlere Stangen)

Salz

weißer Pfeffer

Zucker

50 g Butter

1 l Gemüsebrühe

40 g Mehl

3 EL Weißwein

geriebene Muskatnuss

1 Bund Petersilie

2 Eigelb

100 g Crème fraîche

Spargel waschen und schälen. Die Schalen mit 10 g Butter, Zucker und Salz in der Gemüsebrühe 20 Minuten kochen und anschließend durch ein Sieb gießen.

In der Zwischenzeit den Spargel schräg in 1-2 cm lange Stücke schneiden.

40 g Butter in einem Suppentopf zergehen lassen, das Mehl darin anschwitzen und Brühe unter Rühren zugießen und aufkochen lassen.

Die Spargelstücke in die Suppe geben und unter gelegentlichem Rühren 10 Minuten darin garen. Suppe mit Weißwein, Salz, weißem Pfeffer und Muskat würzen.

Eigelb und Crème fraîche verquirlen und in die Suppe einrühren, aber nicht mehr kochen lassen.

Die Petersilie fein hacken und auf die angerichteten Teller streuen.

argelcremesuppe

Zubereitung ca. 40 Minuten 4 Portionen

Zutaten

8 große Kartoffeln

600 g weißer Spargel (dünne Stangen)

Salz, Zucker, Butter

weißer Pfeffer, Mehl

250 ml Spargelsud

125 ml Sahne

125 ml Weißwein (halbtrocken)

geriebene Muskatnuss

1 EL gehackter Schnittlauch

200 g gekochter Schinken

100 g geriebener Emmentaler

Die Kartoffeln am Vortag kochen und pellen. Eine feuerfeste Form ausbuttern. Die Kartoffeln vorsichtig aushöhlen, so dass nur noch ein Rand von etwa einem halben Zentimeter verbleibt. Kartoffeln in die Form setzen.

Spargel schälen und in 1 cm lange Stücke schneiden. Im Salzwasser mit etwas Zucker und Butter ca. 10 Minuten bissfest kochen und auf Küchenkrepp trocknen.

In einem Topf Butter zerlassen, Mehl mit dem Schneebesen einrühren und kurz anschwitzen. Mit Spargelsud ablöschen. Wein und Sahne unterrühren und die Sauce 8-10 Minuten köcheln lassen. Mit Salz, Pfeffer und Muskat würzen und den Schnittlauch dazu geben.

Den Schinken in kleine Würfel schneiden und zusammen mit den Spargelstückchen unter die Sauce heben. Das Ragout in die hohlen Kartoffeln füllen und mit Käse bestreuen. Im vorgeheizten Backofen bei 180° C auf mittlerer Schiene 20-30 Minuten backen. Ofenfrisch servieren.

Tipp

Zum Aushöhlen der Kartoffeln eignet sich ein Grapefruitlöffel.

Spargelragout in

out in Kartoffeln

rtoffeln

Gegrillter Sp

Zubereitung ca. 15 Minuten 2 Portionen

Zutaten

10 Stangen
weißer Spargel
(mittlere Stangen)

Salz

Zucker

2 marinierte
Garnelenspieße

Olivenöl
für die Pfanne

einige Cocktailtomaten

Spargel waschen, schälen und die holzigen Enden entfernen. Den Spargel in einer Grillpfanne im erhitzten Olivenöl ca. 6-8 Minuten grillen.

Die Garnelenspieße in der heißen Pfanne knusprig braten. Die Spargelstangen auf den Tellern anrichten und die Garnelen darüber verteilen. Mit halbierten Cocktailtomaten garnieren.

Tipp

Wenn Sie noch gekochte Kartoffeln vom Vortag haben, können Sie als Beilage Bratkartoffeln machen. Aber auch Weißbrot passt sehr gut zu diesem Gericht.

t Garnelen

Zubereitung ca. 40 Minuten 4 Portionen

Zutaten

1 kg Aroma-Spargel

200 g Frühstücksspeck

250 g Vollkorn-Toastbrot

4 Eier

250 g süße Sahne

120 g geriebenen Allgäuer Emmentaler

Biskin Spezial

Salz

Pfeffer

Backofen auf 200° C vorheizen. Spargel waschen, schälen und die holzigen Enden entfernen. Die Spargelstangen auf 2 Alufolien verteilen und ein paar Butterflocken darüber geben. Leicht salzen und die Folien einschlagen. Im Backofen 20 Minuten backen.

Den Frühstücksspeck in kleine Würfel schneiden und im heißen Biskin Spezial in der Pfanne anbraten.

Eine flache Kuchen- oder Tarteform mit Toastbrotscheiben auslegen. Die gebackenen Spargelstücke sternförmig darüber legen und darauf die gebratenen Speckwürfel gleichmäßig verteilen.

Eier und Sahne verquirlen, den geriebenen Emmentaler unterheben und mit Salz und Pfeffer würzen. Dann über die Tarte verteilen.

Im Backofen bei 200° C ca. 15 Minuten überbacken.

Tipp

Dieses würzige Gericht kann warm oder kalt verzehrt werden.

Frühstücksspeck

hstücksspeck

Nudeln in Gorgon

Zubereitung ca. 40 Minuten 4 Portionen

Zutaten

500 g weißer Spargel (mittlere Stangen)

300 g Bandnudeln (z. B. Bärlauch- oder Spinatnudeln)

125 g Gorgonzola

125 g Schlagsahne

1 kleine Zwiebel

2 EL Mehl

Salz

Zucker

Butter

weißer Pfeffer

Rapsöl

Kerbel zum Garnieren

Spargel waschen und schälen, die holzigen Enden entfernen. In 2-3 cm große Stücke schneiden. In einem ½ l kochendem Wasser, mit etwas Salz, Zucker und Butter den Spargel gut fünf Minuten garen. Die Spargelstücke mit der Schaumkelle abschöpfen und abtropfen lassen. Den Fond für später aufheben.

Zwiebel schälen und klein hacken. Gorgonzola würfeln.

Rapsöl in einem Topf erhitzen. Zwiebel darin glasig dünsten. Mehl darüber stäuben und kurz anschwitzen. Unter Rühren mit Spargelfond und Sahne ablöschen und 5 Minuten köcheln lassen. Dabei den Käse in die Sauce geben, einrühren, und schmelzen lassen.

Nudeln nach Packungsanleitung kochen. Sauce abschmecken und den Spargel darin erhitzen.

Die Nudeln mit Sauce und Kerbel anrichten.

ola-Spargel-Creme

a-Spargel-Creme

Zubereitung ca. 15 Minuten 3 Portionen

Zutaten

6-9 Stangen
weißer Spargel
(mittlere Stärke)

1 Tomate

150 g Greyerzer Käse

3 EL Öl

3 Hüftsteaks à ca. 200 g

Salz

Zucker

Butter

Pfeffer

3 EL grüne Pestosauce

Spargel waschen, schälen und die holzigen Enden entfernen. In heißem Wasser den Spargel mit etwas Salz, Zucker und Butter ca. 10-12 Minuten bissfest garen. Tomate in Scheiben schneiden, Greyerzer in feine Streifen schneiden.

Backofen auf 225° C vorheizen. Öl in der Pfanne erhitzen und die Steaks beidseitig je 3 Minuten braten, dann mit Salz und Pfeffer würzen.

Auflaufform einölen. Die Steaks in die Auflaufform legen und mit Pestosauce bestreichen. Mit je einer Tomatenscheibe, dem Spargel und den Käsestreifen belegen. Im Backofen ca. 10 Minuten auf mittlerer Schiene backen.

Die Portionen mit je einem Klecks Pesto garnieren.

Tipp *Einige Blättchen Basilikum passen dekorativ und geschmacklich gut zu den Steaks.*

Spargelsteak

Spargelsteak

Zubereitung ca. 30 Minuten 4 Portionen

Zutaten

1 kg grüner Spargel
Salz, Zucker, Butter
8 Cocktailtomaten

Für die Sauce:
1 Bund Petersilie
1 Bund Schnittlauch
je 2 EL Kerbel und Dill
einige Blätter Zitronenmelisse
1 Gewürzgurke
2 hart gekochte Eier
1 kleine Zwiebel
1 EL Zitronensaft
etwas ungespritzte Zitronenschale
200 g Sauerrahm
2 EL mittelscharfer Senf
Pfeffer

Für die Pfannkuchen:
2 (rohe) Eier
130 g Mehl, 125 ml Milch
125 ml Mineralwasser
2 EL geriebener Parmesankäse
2 EL Öl
4 geräucherte Forellenfilets
8 Kirschtomaten

Holzige Enden der Spargelstangen entfernen, in heißem Salzwasser mit etwas Zucker und Butter ca. 10-12 Minuten kochen und dann auf Küchenkrepp trocknen.

Für die Sauce die Kräuter waschen, schütteln (trocknen) und fein hacken. Die Gurke fein, die Eier grob würfeln. Zwiebel schälen und fein zerhacken. Den Sauerrahm, den Zitronensaft und die fein geschnittene Zitronenschale verrühren und die Kräuter unterheben. Mit Salz, Pfeffer und Senf abschmecken.

Für die Pfannkuchen alle Zutaten bis auf das Öl verquirlen. Im heißen Öl drei Pfannkuchen braten. Mit zwei Gabeln in mundgerechte Stücke zerreißen. Spargel, Forellenfilet- und Pfannkuchen-Stückchen anrichten. Die Sauce über den Spargel geben. Die Tomaten ganz oder halbiert dazulegen.

äucherter Forelle

herter Forelle

Spargel mit pan

Zubereitung ca. 30 Minuten 4 Portionen

Zutaten

1 kg weißer Spargel (mittlere Stangen)

Salz, Zucker

4 EL Butter

4 Camembert-Käse à 125 g

4 EL Mehl

4 EL Paniermehl

2 Eier

250 ml Kräuter-Hollandaise Légère (z. B. von Thomy)

200 g gemischter Blattsalat

4 Cocktailtomaten

½ gelbe Paprika

½ Zucchini

1 kleine Möhre

weißer Balsamico

Rapsöl

4 Erdbeeren

Spargel waschen, schälen und die holzigen Enden entfernen. Backofen auf 225° C vorheizen. Den Spargel auf vier Alufolien verteilen. Etwas salzen und je 1 EL Butter darüber geben. Die Folien einschlagen und im Ofen auf mittlerer Schiene 20 Minuten backen.

Die Paprika, Zucchini und Möhre zerkleinern, leicht salzen und unter Zugabe von etwas Balsamico und Rapsöl mit dem Blattsalat vermengen.

Den Camembert erst in Mehl und Ei und dann in Paniermehl wenden. In der heißen Pfanne in Öl beidseitig kurz goldgelb braten. Die Sauce Hollandaise in einem kleinen Topf unter Rühren 3 Minuten erwärmen.

Den Camembert zusammen mit den Spargelstangen und dem Salat auf den Tellern anrichten. Die Sauce Hollandaise über den Spargel geben. Mit Erdbeerhälften dekorieren.

Zubereitung

ca. 40 Minuten — 4 Portionen

Zutaten

1,5 kg weißer Spargel (mittlere Stangen)

4 Hähnchenbrustfilets à 150 g

Würzpulver (z. B. Fondor)

Salz, Zucker

4 TL Honig

Pflanzenfett

1 EL Butter

1 Bund Rucola

300 g frische Champignons

1 TL Sonnenblumenöl

Paprikapulver

250 g Sauce Hollandaise

bunter Pfeffer

4 Tomaten

Spargel waschen, schälen und die holzigen Enden entfernen. In 3 cm lange Stücke schneiden. Wasser mit Würzpulver und einer Prise Zucker zum Kochen bringen. Spargel und etwas Butter zugeben und ca. 15 Minuten garen.

Rucola waschen und das Wasser abschütteln. Die Champignons waschen, in Scheiben schneiden und in der Pfanne in heißem Sonnenblumenöl kurz andünsten. Mit Paprika und Würzpulver abschmecken.

Die Hähnchenbrustfilets waschen, trocken tupfen und mit Salz und Pfeffer würzen. In der Pfanne mit heißem Pflanzenfett pro Seite ca. 4 Minuten braten. Etwa 2 Minuten vor Bratende auf jedes Filetstück 1 TL Honig geben. Die Filets nehmen dann eine schöne, goldgelbe Farbe an. Die Sauce Hollandaise nach Packungsanweisung erwärmen.

Rucola auf Tellern anrichten, die Spargelstücke und die Champignons darüber verteilen. Die Hähnchenbrustfilets in Scheiben anrichten und mit Sauce Hollandaise und buntem Pfeffer garnieren.

Zubereitung ca. 15 Minuten (ohne Salat) 4 Portionen

Zutaten

20-24 Stangen weißer Spargel (mittlere Stangen)

Salz

Pfeffer

Butter

4 EL Mehl

2 Eier

8 EL Paniermehl

2 EL geriebener Parmesan

Speiseöl zum Braten

4 Portionen Feldsalat

12 Cocktailtomaten

Spargel schälen und holzige Enden entfernen. In heißem Salzwasser unter Beigabe von etwas Zucker und Butter ca. 5 Minuten kochen, dann mit der Schaumkelle herausnehmen, abtropfen und auf Küchenkrepp abkühlen lassen.

Eier verquirlen, mit Salz und Pfeffer würzen. Paniermehl und Parmesan mischen.

Die Spargelstangen nacheinander in Mehl, Ei und Paniermehl wälzen. Öl in einer Pfanne erhitzen und Spargelstangen unter mehrmaligem Wenden goldgelb braten.

Servieren Sie den panierten Spargel mit Feldsalat und Tomaten.

Tipp

Tipp: Zu diesem Gericht kann sehr gut eine Zitronen-Butter-Sauce (z. B. von Knorr) gereicht werden.

Panierter Spargel

Panierter Spargel

Zubereitung ca. 40 Minuten (ohne Backzeit) 4 Portionen

Zutaten

für das Omelett:

4 Eier

100 g Mehl

100 ml Milch

3 EL ausgelassene Butter

Pflanzenfett

Salz

für die Füllung:

1,5 kg weißer Spargel (mittlere Stangen)

1 TL Zucker

4 EL Butter

4 Eier

8 Scheiben gekochter Schinken (ca. 200 g)

250 g Schlagsahne

Salz, Pfeffer

geriebene Muskatnuss

125 g geriebener Gouda

Fett für die Form

4 Eier, Salz, Milch, Mehl und Butter verrühren und 20 Minuten quellen lassen.

Spargel waschen, schälen und die holzigen Enden entfernen. Salzwasser mit etwas Zucker und 1 EL Butter aufkochen, Spargel darin 12-15 Minuten garen. Abtropfen lassen.

Etwas Pflanzenfett in der Pfanne erhitzen und nacheinander 4 Omeletts backen. In die Omeletts je 2 Scheiben Schinken und ca. 4 Spargelstangen einrollen und in eine gefettete Form legen.

Eier, Sahne, Salz, Pfeffer und Muskat verquirlen und über die 4 Omeletts gießen. Den geriebenen Gouda darüber streuen.

Im vorgeheizten Ofen bei 200° C etwa 30-40 Minuten backen.

Schinken und Käse

Schinken und Käse

Zubereitung ca. 40 Minuten 4 Portionen

Zutaten

400 g grüner Spargel

1 l Milch

200 g Crème fraîche

Salz

Pfeffer

Dill

4 Scheiben frischer Lachs à ca. 150 g

400 ml Fisch Fond

Saft einer Zitrone

ca. 12 kleine Kartoffeln

Petersilie zum Dekorieren

Hinweis: Der Lachs wird mit einem Dampfgarer zubereitet.

Kartoffeln waschen und 25 Minuten im Wasser kochen. Anschließend pellen.

Spargel waschen, bei Bedarf schälen und die holzigen Enden entfernen. In 2-3 cm lange Stücke schneiden. Einige Spargelköpfe beiseite legen. Die anderen Spargelstücke in der Milch ca. 15 Minuten garen, dann herausnehmen und mit 100 ml Milch zu einer Spargelcreme pürieren. Die zuvor beiseite gelegten Spargelköpfe im Wasser ca. 6 Minuten bissfest garen.

Die Spargelcreme zusammen mit der Crème fraîche erhitzen und mit Salz und Pfeffer abschmecken.

Den Lachs mit Zitronensaft beträufeln und mit Salz, Pfeffer und Dill würzen. In den Dampfgarer den Fischfond und 600 ml Wasser gießen. Die Lachsstücke auf das Garblech des Dampfgarers legen und bei ca. 95° C knapp 7 Minuten garen.

Den Lachs mit der Spargelcreme und den Pellkartöffelchen anrichten. Mit Petersilie dekorieren. Zuletzt die Spargelköpfe hinzufügen.

Tipp

Eine besonders feine Spargelcreme erhalten Sie, wenn Sie diese durch ein Sieb passieren.

mit Spargelpüree

gelpüree

Zubereitung ca. 30 Minuten 4 Portionen

Zutaten

1 kg weißer Spargel (dünne bis mittlere Stangen)

½ kg grüner Spargel

250 g Basmati-Reis

400 g Rindfleisch

Salz

Pfeffer

2 kleine Möhren

4 TL Öl

Petersilie

2 TL Sesamöl

4 EL Sojasauce

2 TL Sambal Oelek (Chilipaste)

Reis nach Packungsanweisung kochen.

Rindfleisch in dünne Streifen schneiden.

Spargel waschen. Den weißen Spargel schälen, vom grünen Spargel den unteren Teil schälen und die holzigen Enden entfernen. Die Möhren schälen. Spargelstangen und Möhren in 3 cm lange Stücke schneiden und diese der Länge nach halbieren.

Etwas Öl im Wok erhitzen und das Fleisch darin scharf anbraten, dann herausnehmen und warm stellen. Noch etwas Öl in den Wok geben und die Gemüsestreifen 5-6 Minuten braten. Sesamöl, Sojasauce und Sambal Oelek zum Gemüse geben und 2 Minuten köcheln. Mit Salz und Pfeffer würzen.

Auf der Servierplatte die Gemüsestreifen und darüber das Fleisch anrichten. Den Reis in einer separaten Schale servieren.

argel aus dem Wok

rgel aus dem Wok

Zubereitung ca. 25 Minuten 4-6 Portionen

Zutaten

32 Stangen
weißer Spargel
(mittlere Stangen)

16 Scheiben
gekochter Schinken

4-6 dicke Scheiben
Schweinefilet

3 Cocktailtomaten

6 Mandarinenscheiben
(aus der Dose)

Mayonnaise

Butter

Salz

Pfeffer

Zucker

Pflanzenfett

Petersilie
für die Dekoration

Spargel waschen, schälen und die holzigen Enden entfernen. Die Spargelstangen im heißen Wasser mit etwas Butter, einer Prise Salz und etwas Zucker ca. 10-12 Minuten kochen, dann aus dem Wasser nehmen, abtropfen lassen und auf Küchenkrepp trocknen.

Die Filets waschen, trocken tupfen, mit Salz und Pfeffer würzen und dann im heißen Öl auf beiden Seiten je 3 Minuten braten. Anschließend das Fleisch abkühlen lassen.

Je 2 Spargelstangen mit einer Schinkenscheibe umwickeln, so dass die Spargelspitzen herausragen. Auf einer runden oder ovalen Platte sternförmig anrichten. Die Filets in der Mitte anordnen und mit Mandarinenscheiben, Butterflocken und Tomatenhälften garnieren. Die Schinkenrollen mit etwas Mayonnaise und Petersilie verzieren.

Tipp

Auf den Filets können Sie auch sehr gut Kräuter- oder Knoblauchbutter anrichten.

mit Schweinefilet

Schweinefilet

Spargelernte

Woher kommt der Spargel?

Spargel war schon im Altertum als Arzneimittel und Gemüse bekannt und wurde vermutlich von den Römern in das Gebiet nördlich der Alpen gebracht. Spargel liebt leichte, humushaltige Sandböden, die sich im Frühjahr rasch erwärmen.

Eines der traditionsreichsten Anbaugebiete in Deutschland ist die Region um Schwetzingen westlich von Heidelberg. Das vielleicht größte Anbaugebiet liegt südwestlich von Potsdam, wo der „Beelitzer Spargel" herkommt. Ein ebenfalls großes, aber noch relativ junges Anbaugebiet liegt im Städtedreieck – München – Augsburg – Ingolstadt mit der Stadt Schrobenhausen als Zentrum. Hier wird der Spargel überwiegend in Familienbetrieben angebaut, so zum Beispiel von der Familie Hörmann in Hohenried, die wir bei der Spargelernte beobachtet haben.

Die hochgeschichteten Spargeldämme sorgen dafür, dass die Spargeltriebe sich länger strecken müssen, um ans Licht zu kommen.

Der Beginn der Spargelernte liegt in unseren Regionen in der zweiten Aprilhälfte, wenn die Außentemperaturen ein ausreichendes Wachstum ermöglichen. Um die Abhängigkeit von der Witterung zu reduzieren, werden die Spargeldämme häufig

Spargelernte

In den typischen Anbaugebieten wird ein großer Teil der Ernte ganz frisch direkt auf dem Hof, durch Verkaufsstände am Straßenrand und auf den Wochenmärkten angeboten. Auch die lokalen Supermärkte werden natürlich beliefert. Frischer geht's nicht.

Die Spargelernte endet traditionell am 24. Juni. Anschließend darf die Pflanze zu einer ein bis eineinhalb Meter hohen Staude heranwachsen.

Rezeptverzeichnis

Impressum

Marktplatz 6
86343 Königsbrunn

Genehmigte Lizenzausgabe
Krone Verlag
Am Hallenbad 7
44534 Lünen / Westf.

Fotografien: Dr. Peter Albrecht,
außer: Titelbild: fotografiche.eu – Fotolia, S. 9 u. 12: LianeM – Fotolia, S. 13: Pixelspieler, S. 104: Bernd Kröger – Fotolia, S. 111 unten: Kimsonal – Fotolia.

Layout, Satz und Gestaltung:
REAL Satz + Druck GmbH, 89312 Günzburg

ISBN 978-3-940486-39-4

Printed in EU